AF467842

NOUVEAU PROSPECTUS

DE LA

COMPAGNIE DU SCIOTO,

AVEC PLUSIEURS EXTRAITS DE LETTRES, ÉCRITES DU SCIOTO MÊME,

En date du 12 *Octobre* 1790.

DÉCEMBRE.

1790.

AVERTISSEMENT.

La Compagnie du Scioto, formée par acte de société passé devant M. Rameau & son confrère, Notaires à Paris, le 3 Août 1789, n'ayant cessé d'avoir à répondre aux calomnies les plus absurdes, que l'esprit de parti, l'intérêt personnel & l'envie ont inventées, a cru devoir mettre au jour un nouveau prospectus, dans lequel elle s'attache à dévoiler les vrais motifs d'un pareil acharnement. Mais pour ôter à ses détracteurs tout prétexte d'opposition, & pour inspirer au public une entière confiance dans ses opérations, elle déclare qu'*elle ne recevra à l'avenir que le 10 pour cent du prix total des ventes qu'elle fera ; que le surplus de la premiere moitié de ce prix sera déposé chez un des banquiers les plus accrédités de Paris*; où *il restera jusqu'à ce que l'acquéreur ait été mis en possession de ses terres tandis* que la seconde moitié ne sera, comme par le passé, payable que deux ans après.

Les personnes impartiales trouveront dans cette démarche & dans la déclaration faite par des Colons arrivés en Amérique que la Compagnie y remplit ses engagemens d'une manière au-dessus de tout éloge, (1) une sûreté entiere pour les acquisitions qu'elles voudront faire, & elles ne seront pas étonnées si dorénavant la Compagnie ne répond plus aux déclamations qu'on pourroit se permettre contr'elle, qu'en publiant les relations qui arriveront d'un pays qui dans peu d'années sera une des Provinces les plus riches & les plus peuplées de toutes celles qui sont sous la domination des Etats-Unis.

Les bureaux de la Compagnie sont toujours rue neuve des Petits-Champs, N°. 162.

---

(1) Voyez les lettres à la fin de l'avis.

AVIS.

LA Compagnie du Scioto a publié déjà plusieurs écrits. Les uns sont destinés à développer les avantages qui doivent résulter des acquisitions à faire dans ces fertiles contrées de l'Amérique septentrionale. Les autres servent à repousser les attaques que les adversaires de la Compagnie n'ont cessé de lui porter; mais toutes ces productions peuvent actuellement être regardées comme incomplettes ou insuffisantes parce que les choses ont totalement changé de face, que l'entreprise est devenue beaucoup plus avantageuse & plus assurée, & qu'elle a acquis une solidité qui fournit des données toutes différentes de celles sur lesquelles on a bâti les premières hypothèses.

En effet ce qui dans le commencement de l'année passée ne se voyoit qu'en perspective s'est en grande partie réalisé aujourd'hui, & les personnes qui prendroient actuellement le parti d'aller au Scioto, s'y trouveroient à leur arrivée parmi des françois, qui déja ont pris possession de leur terres & commencé à former leurs établissemens.

Les nombreux adversaires de cette Compagnie, sans se mettre en peine comment ils soutiendroient les calomnies qu'ils ont inventées contr'elle, sont toujours allé en avant; ils ont nié les faits que la Compagnie annonçoit au public, & ils ont imaginé tous les moyens possibles de lui nuire.

Mais pourquoi, dira-t-on, cet acharnement à persécuter des individus qui n'ont fait de mal à personne, & qui au contraire ont fait de très-grands sacrifices pour faire le bien & pour procurer des facilités considérables à un grand nombre de particuliers? En effet les causes d'un tel procédé ne sont pas faciles à deviner quand on ne connoît pas les motifs de ceux qui s'élèvent contre les établissemens de la Compagnie.

On peut ranger ses antagonistes dans quatre classes: Ceux qui composent les trois premières n'agissent que par des motifs tirés de leur propre intérêt. De bons citoyens, que d'autres, moins bien intentionnés ont trouvé moyen d'égarer, remplissent la quatrième.

1°. Les ennemis de la tranquillité intérieure doivent être mis à la tête de la liste des détracteurs de la Compagnie du Scioto. Il est de fait que pour être tranquille & heureux, il faut laisser aux mécontens la faculté d'émigrer; qu'aucune société ne sauroit jouir du repos, si ceux qui n'approuvent pas les principes sur lesquels elle est fondée, ne s'éloignent d'elle. L'histoire vient à l'appui de ce fait. Jamais la révolution ne se seroit complettement effectuée dans la Grande Bretagne, si l'on n'avoit laissé passer paisiblement les mécontens dans la nouvelle Angleterre. Cependant ils représentent l'émigration comme un moyen de dépeupler le Royaume; comme si le départ de quelques milliers d'individus pouvoit être à redouter dans un moment où l'extinction seule du luxe en a réduit quelques millions à la misère, ou, comme si les habitans d'un si beau Royaume pouvoient concevoir l'idée de déserter en foule leur patrie pour en aller chercher si loin une autre, s'ils n'avoient des motifs invincibles pour les y déterminer; & dans ce dernier cas il seroit également cruel, contraire aux droits de l'homme, & impolitique de les empêcher de quitter une patrie où ils ne trouvent pas à être heureux. L'unique but de ces gens est de discréditer les opérations de la Compagnie en provoquant des décrets injustes & de détruire la tranquillité par le moyen des mécontens & des malheureux. C'est pour atteindre un but aussi pervers qu'ils affectent le langage du patriotisme.

2°. L'intérêt personnel détermine les Américains eux-mêmes ou les personnes intéressées dans la plantation du Tabac en Virginie à s'opposer aux opérations de la Compagnie du Scioto. Les terreins qui lui appartiennent produisent de meilleur Tabac que ceux de la Virginie, & une colonie de françois qui y transportera son industrie arracheroit à cette dernière Province une grande branche de son commerce avec la France. De-là sont dérivés tous les bruits désavantageux répandus par les Américains contre une des plus fertiles & des plus agréables contrées ; de la même source sont émanées les inquiétudes qu'on a inspirées aux premiers émigrans qui ont passé par la Virginie pour aller au Scioto.

3°. La troisième classe consiste en personnes riches : elle est moins nombreuse & est composée d'agioteurs dans les fonds américains, ou, pour leur donner un nom qui leur convient mieux, ce sont les accapareurs des dettes du Congrès. Ceux là ont un intérêt non équivoque à empêcher la vente des terres ; jusqu'à ce que leurs spéculations soient finies. On peut mettre dans la même classe un grand nombre de propriétaires répandus dans les différentes Provinces de l'Amérique, qui, sachant combien un ralliement sur ces terres du Scioto procurera d'avantages à ceux qui s'y établissent, craignent de ne pouvoir vendre les terres qui leur appartiennent dans les contrées qu'ils habitent.

4°. Enfin la quatrième classe des détracteurs de la Compagnie du Scioto consiste en gens bien intentionnés, en bons patriotes, mais qui se sont laissés séduire par les faux raisonnemens & les bruits injurieux répandus par les personnes qui composent les classes précédentes.

Telles sont les sources d'où naissent tous les bruits désavantageux semés de tous les côtés contre la Compagnie du Scioto. Mais que résulte-t-il de l'acharnement qu'on a mis à les divulguer ? C'est qu'on a sçu que l'affaire étoit très-avantageuse. Pénétré de sa bonté on s'est ligué en grand nombre pour la combattre & on n'a employé tant d'efforts que parce qu'on a senti que des déclamations ordinaires ne réussiroient pas. Ce n'est point ici simplement le désir de se mêler d'une affaire nouvelle & de contrarier un établissement utile ; des évènemens plus intéressans se succèdent journellement avec une si étonnante rapidité qu'on n'a pas besoin de se repaître d'objets qui touchent de bien moins près, mais l'égoïsme & un patriotisme mal entendu sont les seuls alimens qui ont entretenu ce desir ardent de contrecarrer un établissement dont l'utilité saute aux yeux sous quelque côté qu'on l'envisage.

On a cru qu'avant d'entrer de nouveau dans les détails qui

établissent les avantages de la colonie qui se forme sur les terres du Scioto, il n'étoit pas inutile de dévoiler les vrais motifs de ceux qui contredisent ces avantages. On se hâte de faire le plus brièvement possible la récapitulation des faits sur lesquels elle les fonde.

La Compagnie du Scioto créée par Acte passé devant Rameau, Notaire, établie *rue Neuve des Petits-Champs*, *N°*. 162., pour la vente de trois millions d'acres de terres situées dans l'Amérique septentrionale entre les rivières d'Ohio & de Scioto ayant déjà vendu une partie considérable de ces terres, partie actuellement habitée, a par conséquent actuellement des terreins à vendre, entourés d'autres terreins déjà habités. On peut les acquérir en telle quantité que l'on voudra, moyennant que ce ne soit pas au-dessous de 50 acres.

Le site du pays est exactement tel qu'on le voit dans la carte ci-jointe, & l'on peut connoître la nature du sol & du climat par une brochure traduite de l'anglois & vérifiée par M. Hutchins, Géographe des Etats-Unis, qui a résidé dix ans dans cette contrée.

Ce terrein est situé entre deux grandes rivières navigables, à côté de la Virginie, pays si connu par la fertilité de son sol & par ses productions en tabac, en ris, &c. Les terres du Scioto surpassent encore en bonté celles de la Virginie, elles sont regardées par les Américains comme les meilleures de tout leur continent. Ses prairies naturelles étoient célèbres du tems même des Sauvages, mais comme ces contrées étoient inhabitées, les voyageurs n'avoient pas le loisir de faire les observations nécessaires pour les faire connoître avec exactitude.

L'avantage d'habiter un sol riche, de vivre dans un climat sain & d'être régi par des lois sages, est sans doute bien grand; mais il se fera sentir particulièrement au Scioto parce que ce pays situé au centre des Etats-Unis deviendra une espèce de point de réunion pour ceux qui passeront de l'Europe en Amérique. Les terreins y deviendront bientôt très-précieux, & l'établissement se complettera. A mesure que les habitations s'y multiplieront, les avantages de ceux qui font des acquisitions au Scioto deviendront aussi plus considérables.

En proposant la vente de ces terreins, la Compagnie est bien éloignée de dire qu'elle offre des acquisitions qui puissent convenir à tout le monde. C'est à l'homme qui a perdu l'état dans lequel il vivoit, & qui voudroit au moyen des débris de sa fortune réalisée, se procurer une existence pour lui & pour sa famille, qu'elle offre un débouché qu'on chercheroit envain ailleurs. C'est à l'homme qui voudroit se procurer en moins de dix ans une fortune indépendante & acquise sans faire des dépenses considérables; c'est à celui qui sans de grands moyens voudroit se procurer la certitude de pouvoir élever une famille nombreuse; mais l'établissement que la Compagnie propose ne convient pas à ceux qui veulent jouir incessamment & dans les bras de l'indolence; à ceux à qui il faut des plaisirs bruyans & les agrémens qu'on ne trouve que dans les grandes villes.

La Compagnie a toujours tenu le même langage, elle a toujours dit que les personnes qui dans leur patrie ont un état fait & y vivent aisément, ne doivent pas aller en Amérique; mais elle a toujours soutenu, & elle le dit avec assurance, celles qui sont dans le cas opposé ne trouveront dans aucun endroit du monde un établissement aussi avantageux, aussi agréable & qui puisse répondre plus certainement à leur but, puisqu'en peu d'années elles pourront se procurer l'aisance & jouir d'une fortune honnête au moyen seulement du prix de l'achat de leur terre, de celui des bestiaux nécessaires & des frais de culture qui ne sont pas considérables dans ce pays là.

Le terrein du Scioto, situé, comme on l'a déja dit, entre deux rivières navigables, est contigu au Sud au comté de la Fayette en Kentuke, qui lui-même fait partie de la Virginie, à laquelle il confine également au Sud-Est : ces terres sont à l'Orient une prolongation des terreins appartenans à la Compagnie de l'Ohio, dont une grande partie est en pleine culture. Ainsi le sol qu'on propose à mettre en valeur, facile par ſa nature à être cultivé, eſt entouré de pays déja habités & défrichés, ce n'eſt point une terre iſolée, qu'on doive regarder comme un déſert; mais c'eſt une terre en partie habitée & voiſine d'autres qui le ſont : c'eſt un beau pays, inculte à la vérité, & c'eſt de-là que naît en partie ſa richeſſe; c'eſt un pays dans le voiſinage duquel on peut trouver tous les ſecours indiſpenſables à un nouvel établiſſement, les beſtiaux, les outils néceſſaires à l'agriculture & tous les uſtenſiles dont on a beſoin, & cela à un prix très-modique. L'apperçu ci-joint des frais que les colons ont indiſpenſablement à faire, rendra cela plus ſenſible, il ne s'agit que de l'adapter à l'étendue des poſſeſſions.

Le prix auquel la vente de ces terres eſt fixé, eſt de ſix livres tournois l'acre anglois, d'un cinquième plus grand que l'arpent de Paris, ainſi l'arpent revient à peu près à 4 l. 13 ſ., la moitié ſe paye comptant, & cet argent ſera dépoſé comme il a été dit. L'autre moitié ſe donne deux ans après ſoit en Amérique ſoit en Europe au choix de l'acquéreur. La vente ſe fait en donnant un titre légal en vertu duquel le propriétaire aura le droit de choiſir la quantité de terrain qu'il aura acquiſe dans ſix fois cette même quantité ſur deux des quarrés ou Municipalités tracés ſur la carte. Les premiers acquéreurs auront par la date de leur contrat & la priorité de la préſentation de leur titre à l'agent de la Compagnie, la préférence pour le choix de leur terrain, préférence importante vu ſur-tout la diſpoſition où l'on ſait que ſont quelques perſonnes de laiſſer leur terrain en friche & de les revendre lorſque les terres qui les avoiſinent auront été miſes en valeur. De ſemblables ſpéculations ont ſouvent procuré en Amérique des fortunes conſidérables.

La nature du ſol, l'excellence du climat & les productions de ce terrain ont été décrits dans une brochure traduite ſur l'original anglois, imprimée en Amérique, dans les lettres d'un cultivateur américain, dans les voyages de M. Chatellux, dans l'ouvrage de M. l'Abbé Robin &c.

La vérité des faits rapportés dans cette brochure eſt non-ſeulement atteſtée par M. Hutchins, Géographe du Congrès, mais encore par le rapport unanime des voyageurs, de toutes les perſonnes qui ont vu ce pays & qui toutes en font une relation parfaitement uniforme.

Toutes s'accordent à dire que les terrains de ce canton ſont les plus fertiles du monde & que le ſite du pays eſt infiniment riant & agréable.

Aux avantages du climat & du ſol il faut joindre la bonté du gouvernement, calqué ſur celui de la Grande Bretagne, mais perfectionné dans quelques points. Tout individu domicilié dans les Etats-Unis jouit de tous les avantages des indigènes, ſans avoir beſoin de naturaliſation, comme cela ſe pratique en Angleterre & dans quelques autres pays de l'Europe.

Les plus grandes fortunes qui exiſtent dans le monde ont commencé par de ſimples acquiſitions de terrains fertiles, mais faites avant qu'ils fuſſent en valeur: or c'eſt ſur une telle baſe que la ſpéculation ſuivante eſt fondée; elle eſt appuyée ſur des faits inconteſtables.

La ſituation & la bonté intrinsèque de ces terrains contribuera plus à leur valeur que tous les efforts d'une Compagnie: elles ſont placées entre le 38e. & 41e. dégré au milieu de deux grandes rivières navigables qui offrent une communication facile & sûre avec les poſſeſſions eſpagnoles, & avec les Antilles par le Miſſiſſipi que M. St-Jean de Crevecœur appelle le grand Artère de l'Amérique, & aſſurent aux habitans du Scioto un moyen facile de ſe défaire avec avantage du ſuperflu de leurs productions. 2°. Leur fertilité eſt telle que de toutes les parties de l'Amérique ſeptentrionale les habitans abandonnent leurs établiſſemens pour aller jouir de ces prodigieux avantages: C'eſt ainſi que la partie de la Virginie, appellée Kentucke, ſituée ſur la rive gauche de l'Ohio, oppoſée aux terres de la Compagnie du Scioto, dont la population n'étoit en 1777 que de 70 familles, s'étoit portée à 80,000 ames avant 1787, ainſi que la preuve en a été alors adminiſtrée au Congrès. Ainſi le ſite même du pays joint à la douceur du climat de ce pays doivent produire nécessairement une augmentation considérable dans sa valeur intrinsèque (1).

Deux Municipalités entières de quarante-six mille quatre-vingt acres, situées vers le centre du pays sont réservées pour les revenus d'une Université. Il y a de plus des terres destinées pour l'entretien des Ecclésiastiques qui desserviront les Eglises, & d'autres pour la formation des Ecoles. Ces réserves ne sont point comptées dans la commensuration des trois millions d'acres & ne seront conséquemment point payées. Elles contribuent par leur destination même à augmenter la valeur des autres terrains.

L'expérience a d'ailleurs déja justifié la vérité des faits qu'on avance dans un établissement semblable à celui qu'on annonce ici, & qui est contigu. Quelques personnes sous la dénomination de Compagnie de l'Ohio ont fondé une Colonie entre le Muskingum & l'Ohio. Elle a commencé à faire des établissemens en 1788 & il y a actuellement 1,000 à douze cents habitans dans leurs terres, parmi lesquels on compte les Généraux St-Clair, Parsons, Vernum, Putnam & Tupper, & plusieurs autres personnes de distinction, tous Américains qui ont quitté des terrains moins bons pour venir habiter les bords fertiles de l'Ohio. La valeur de leurs terrains a déja augmenté de beaucoup. On en a vendu l'Automne dernier des quantités considérables à 12 l. l'acre & quelques portions même ont été poussées à 53 livres. Or les terres que la Compagnie du Scioto met en vente ont réel-

(1) La certitude de la fertilité du sol a été prouvée par les Généraux Parsons & Bultler, qui occupés en 1785 à faire le Traité avec les Indiens avoient à leur suite 150 personnes. Ils avoient amené trente bœufs gras pour leur nourriture & celle des particuliers qui les accompagnoient. Ils se rendirent à la rivière Miami, un peu au-dessous du Scioto, où le Traité devoit être conclu. Ils séjournèrent dans cet endroit depuis le mois de Novembre jusques au mois de Mars suivant. La chasse & la pêche leur fournirent du gibier & du poisson excellent au-delà de leurs besoins. Leurs bœufs ne leur servirent point. Ils revinrent au Primtems sur les bords de l'Ohio aussi gras que lors de leur départ, ils étoient toujours resté dans les prairies, & ne cessèrent d'y trouver d'excellens pâturages. Preuve sans replique de la douceur du climat & de la fertilité du terrain.

ſement une plus grande valeur que celles-là par leur poſition ſur deux rivières navigables, par leur contiguité à des établiſſemens déja formés & ſur-tout par leur voiſinage du Kentuke qui n'en eſt ſéparé que par l'Ohio.

Le Tabac & le Coton ſont les cultures les plus avantageuſes à faire ſur ces terrains. Elles vont de pair avec celle du froment, & il n'y a point de pays où ces productions & en particulier le tabac réuſſiſſent dans un auſſi grand dégré de perfection que dans le territoire de l'Ohio. Mais comme le froment eſt une denrée de première néceſſité on ne fondera ſon calcul que ſur ſon produit, qui dans ce pays là eſt communément par acre de 40 boiſſeaux, du poids de 59 livres. On ne regardera les autres productions que comme des acceſſoires.

L'extraordinaire fertilité du terrein & la beauté du climat de ce pays où les ſaiſons ſont coupées comme en Europe ne peuvent être conteſtés. L'unanimité des témoins qui l'atteſtent, eſt trop grande pour qu'on ſût reçu à les révoquer en doute. On y trouve du ſel en abondance. Cette production naturelle du pays mettra les habitans à même de tirer un grand parti de leurs troupeaux, ſoit bœufs, ſoit porcs que la nature ſeule & ſans aucune dépenſe de la part des propriétaires prendra ſoin de nourrir & d'engraiſſer juſqu'à ce que le pays ſoit entièrement cultivé. Ces ſalaiſons fourniront aux beſoins de la Marine des différentes Nations dans les Colonies & en Europe même, parce que les Américains pourront les fournir à meilleur marché qu'aucun peuple de l'Europe.

Après la production abondante des denrées, le moyen de ſe défaire de ce que l'on a de plus que le néceſſaire pour la conſommation eſt ſans doute un point très-important & ici encore le territoire de l'Ohio ne laiſſe rien à déſirer. En deſcendant cette belle rivière on a très-peu de frais à faire & par le Miſſiſſipi l'on parvient aiſément à la Mer quoique le voyage ſoit un peu plus long que de pluſieurs des autres parties de l'Amérique Septentrionale depuis la baye de Cheſapeak juſqu'au Canada, il a bien ſes avantages & eſt ſur-tout infiniment plus ſûr que le long des côtes de l'Amérique.

Les denrées qui proviendront du Scioto seront à meilleur marché que celles des autres terrains de l'Amérique en raison de la fertilité du terrein & d'une population moins abondante. Le fret d'ailleurs en coûtera beaucoup moins, parce que la construction des Vaisseaux & des Bateaux de toute espèce se fait vers les sources de l'Ohio, où ces objets sont à beaucoup meilleur marché que dans aucune autre partie de l'Amérique.

A tous ces avantages il faut encore en ajouter un autre particulier à la Nation françoise & très-important pour son commerce. Elle n'a pas, il est vrai, toujours besoin de bled, mais l'expérience a souvent montré que quelquefois l'importation de cette denrée étoit de la plus grande utilité pour la France. Moyennant cette nouvelle Colonie, ce Royaume pourra obtenir la quantité de bleds dont il aura besoin en échange du produit de ses Manufactures & sans faire passer son argent à l'étranger; il est plus que probable que les accapareurs de cette denrée qui l'ont quelquefois fait monter à un si haut prix, & qui par-là ont augmenté le besoin qu'on en avoit, ne pourront plus faire de pareilles spéculations lorsque ces établissemens seront formés.

Nous faisons suivre ici un apperçu des frais indispensables pour chaque personne qui veut passer en Amérique. Il est établi en raison de la quantité d'acres que l'on acquiert; mais il est facile de pousser sa progression au-delà des bornes qu'on lui a donné en partant des mêmes principes.

L'acre de terre se vend 6 liv.; on paye dix pour cent du montant de l'achat en passant l'acte devant Notaire, le reste de la première moitié du prix sera déposé par l'acquéreur chez M. Banquier à Paris, & cette somme y restera déposée jusqu'à ce qu'il ait pris possession, l'autre moitié se payera deux ans après ou en Amérique ou en France au choix de l'acquéreur.

Calcul pour un achat de 200 Acres.

	liv.
200 acres à 6 l. font la ſomme de 1,200 dont on ne paye que la moitié ci..............	600
Les frais de tranſport à Philadelphie où on ſe débarque ſont plus ou moins grands ſuivant la volonté des Paſſagers, 300 l. pour être nourris à la table du Capitaine; ſur le pont environ 200 ci..................................	200
Frais de tranſport de Philadelphie à Pitsbourg... Frais de Pitsbourg juſqu'aux terres du Scioto....	environ 100
Des beſtiaux & uſtenſiles de campagne.........	300
Débourſés pour les ſemences en Amérique & pour le pain pendant ſix mois..................	150
Fuſil, poudre, plomb pour chaſſer le gibier qui eſt en grande abondance..................	180
Argent qu'on doit avoir de reſte en cas de beſoin....................................	200
....	1730

On peut bâtir les maiſons en dix jours ſans débourſer d'argent, la meilleure manière eſt de s'aider mutuellement dans les travaux où pluſieurs ouvriers ſont néceſſaires, & les matériaux ſe trouvent ſur le terrein en abondance; & en attendant que l'habitation de ceux qui arrivent ſoit prête, le Colon ſera reçu dans les maiſons que la Compagnie a fait bâtir exprès pour le recevoir.

On peut calculer ſur les mêmes baſes la ſomme néceſſaire pour un plus grand achat quelconque, & d'après ce principe on peut fixer; pour 200 acres...1,730 liv.
300........2,330
600........3,200
1000.......4,600

Les perſonnes qui acheteront au-deſſus de cent acres de terrein, feroient bien de ſe précautionner de Cultivateurs en

Europe, proportionnément à la quantité de terrain dont ils auront fait acquisition. Les frais de nourriture & d'entretien pour chaque Cultivateur, n'excéderont pas 200 liv. par an, parce que la nourriture ne coûte pas beaucoup. L'usage du pays est de les engager pour trois ans, pendant lequel tems ils procureront un grand bénéfice à leur maître. Chaque homme pourra défricher avec les chevaux nécessaires, 100 acres pendant ses trois années; la première 50, la deuxième 30, & la troisième 20 & ainsi de même, en continuant de charger les terres défrichées.

Explication de la Carte Géographique.

Les quarrés qu'on voit tracés sur cette carte, représentent chacun une Municipalité, & ils sont équivalens à deux lieues quarrées. Cette division a été faite d'après les Ordonnances du Congrès; chacune de ces Municipalités contient 23,040 acres, ou à-peu-près; on y a fait la réserve de quelques terrains pour des Eglises, pour des Ecoles publiques & d'autres établissemens semblables.

Le Congrès a nommé le premier rang des Municipalités du côté de l'Orient, le dix-huitième rang; & c'est en comptant ainsi d'Orient en Occident que le dernier rang forme le vingt-huitième. Cette dénomination sera ainsi conservée tant que cet Edit du Congrès sera en vigueur. On s'y est conformé en numérotant les rangs sur la carte.

La première ville à bâtir est commencée vis-à-vis l'embouchure du grand Kanhawa dans la rivière d'Ohio.

Comme il est naturel que les Colons puissent se loger à leur arrivée, on a fait construire quelques maisons dans lesquelles ils pourront se retirer & y rester jusqu'à ce qu'ils se soient déterminés sur le terrain qu'ils veulent occuper & se soient fait bâtir leur habitation.

Le prix des terres, comme on l'a vu, augmentera nécessairement en raison de la progression de la culture; en conséquence la Compagnie ne donnera pas au même prix qu'elle le fait aujourd'hui l'acre de terre dont la valeur intrinsèque aura augmenté par les défrichemens déjà faits, mais elle n'introduira aucun changement dans ses prix, qu'elle n'en ait fait publier un avertissement un mois à l'avance en Europe, & neuf mois pour ceux déjà en Amérique & qui ont déjà acheté.

L'Edit du Congrès répond à toutes les questions concernant les loix de ce pays. Il est traduit en françois & imprimé, & prouve la bonté des loix dans un pays où l'on n'a pas eu à combattre d'anciens abus. Cet avantage, dont l'Amérique jouit seule, est bien digne d'être envié par tout le genre humain.

La boisson ordinaire est du cidre ou de la biere; mais on y boit aussi de bon vin de Bordeaux, & à plus bas prix qu'à Paris. L'on a, en général, les choses qui tiennent au luxe, quoiqu'on n'en fasse pas beaucoup d'usage, & elles coûtent un cinquième ou un quart de plus qu'en France ou en Angleterre.

Pendant un grand nombre d'années les nouveaux habitans n'auront besoin de faire aucune spéculation pour se défaire des productions dont ils n'auront pas besoin pour leur usage. Les Colons qui arriveront chaque année les en débarrasseront, & les dédommageront des difficultés qu'ils auront eu à vaincre en arrivant les premiers, pour jetter les fondemens de cette Colonie.

Les maisons sont construites généralement en bois en Amérique, cependant on en fait en briques & en pierres de taille dans les villes & dans d'autres parties de l'Amérique; mais l'usage général adopté par les nouveaux Colons est tel, qu'ils peuvent élever en très-peu de jours une maison pour les recevoir eux & leur famille; & cette sorte de maison est susceptible de distribution, d'agrément & de luxe. Il est essentiel d'ajouter, que les informations prises des personnes qui ont été dans ce pays-là pendant la dernière guerre, ont été les plus favorables, & que parmi ceux qui sont déjà partis, il y a plusieurs Colons qui avoient déjà été en Amérique.

Toutes les craintes qu'on se forme sur la difficulté de se procurer les choses qui sont nécessaires à la vie, ne viennent que de ce que les acquéreurs ne se donnent pas la peine de se rappeller que ce pays est inculte, mais qu'il est situé au milieu de terrains peuplés, au centre des Etats-Unis, où il y a plus de 4 millions d'habitans, & que dans un pays aussi abondant en objets de première nécessité, on ne peut manquer des choses nécessaires à la vie.

Les Etats-Unis viennent de fixer le séjour du Congrès dans un endroit éloigné seulement de l'Ohio de 60 à 80 lieues. Circonstance bien importante pour nos nouveaux établissemens.

On va juger du succès que les Colons peuvent se hâter d'obtenir par les lettres qu'on vient de recevoir de quelques uns d'entr'eux. Il seroit à désirer qu'on pût les faire connoître toutes & dans leur entier. On y verroit quel fonds on doit faire sur les nouvelles que des malveillans n'ont cessé de répandre : on y liroit comment & pourquoi tant de calomnies ont été multipliées & évidemment accueillies. Les extraits suivans suffiront pour convaincre les personnes qui désirent de bonne foi connoître la vérité : rien ne convaincra les autres.

EXTRAIT d'une lettre de M. de Marnésia, du 12 Octobre 1790.

Enfin, Monsieur, me voici sur les rives de l'Ohio. J'ai donc le droit, peut-être même le devoir, d'éclairer les François qui, de bonne foi, veulent être instruits du succès que peut avoir la démarche que plusieurs de leurs compatriotes ont faite, qui veulent savoir avant que de juger & qui sagement se défient également & des apologistes, peut-être intéressés, de la Compagnie du Scioto & de ses détracteurs, dont peut-être les imputations sont peu fondées & les motifs peu purs.

La position, Monsieur, dans laquelle je me trouve est bien rare, si elle n'est pas unique. Entouré des objets les plus vastes, les plus nouveaux, livré forcément aux spéculations les plus nombreuses & les plus grandes, occupé des intérêts les plus puissants, associé à une entreprise ou téméraire ou superbe, environné de tout ce qui peut enflammer l'imagination, & même rendre éloquent, sans qu'on songe & peut-être sans qu'on veuille l'être, je dois me restreindre à la froideur d'une narration & m'interdire la chaleur que semble nécessiter tout ce qui se présente à mes yeux & tout ce qui s'offre à ma pensée.

Je vais donc décrire tout simplement & avec la sécheresse de la plus scrupuleuse vérité. Cette vérité, je jure sur mon honneur que je vais la dire & que je ne tracerai pas un mot qui s'en écarte.

Les terreins vendus aux François par les agens de la Compagnie du Scioto, sont les plus riches de tous ceux qui sont sous la domination des États-Unis. Ceux qui les avoisinent, dont le défrichement n'est commencé que depuis trois ans, assurent qu'ils sont d'une fécondité dont le reste de la terre offre peu d'exemple, & cultivés par des François, bien plus actifs, bien plus laborieux, bien meilleurs cultivateurs que les Américains, qui n'ont pas encore porté bien loin ni l'agriculture, ni les autres arts, ils raporteront bien davantage que les champs de leurs voisins. Le froment, le maïs, les légumes, le lin & le chanvre y viendront avec la plus grande abondance, & c'est avec un grand succès que le tabac y sera cultivé. Je doute, ou plutôt je ne crois pas, quoiqu'on l'ait annoncé, que la culture de l'indigo y puisse réussir. Heureusement le climat, dont la température est la même que celle du comtat d'Avignon, n'est pas assez ardent pour la favoriser.

Ce seroit assez pour des hommes modérés de vivre dans l'abondance de toutes les choses de première nécessité, & ils seroient trop heureux d'y joindre celles qui, sans être aussi nécessaires sont pourtant d'un très-grand prix par les agréments qu'elles procurent, comme le sucre de très-bonne qualité & que les érables donnent en immense quantité; le gibier de toute espèce; le poisson de toutes les sortes; les bœufs sauvages qu'on rencontre en très-nombreux troupeaux, les laines, le coton, la soie bien facile à introduire, à cause de l'abondance des mûriers, les bois magnifiques & variés à l'infini; toutes ces richesses, dis-je, auroient suffi pour combler les vœux des premiers habitans de la terre, mais avec une bien autre multiplicité de désirs qu'eux il nous faut bien d'autres jouissances. Ce n'est que par le commerce que nous pouvons les obtenir. Il nous sera bien facile d'en établir un très-étendu avec toutes les parties méridionales de l'Amérique & même avec le reste du monde. L'Ohio sur les rives duquel nous sommes établis, ensuite le Mississipi nous en donne un moyen très-aisé ; dont le Kentukey, cette année & la dernière, a profité avec un immense avantage. Il a exporté, & même avec une imprudente abondance, ses denrées dans le sud & en a retiré de très-considérables retours.

Le bétail de ce pays, plus beau, plus fort que celui de France, est presqu'égal à celui de Suisse ; avec du soin, les laines deviendront bientôt aussi fines & aussi belles que celles d'Angleterre, & les chevaux de cette contrée, qui sont de race Angloise, sont bons, ont de la figure, sont sûrs & vigoureux.

Des Colons qui viennent avec quelqu'argent & une grande activité d'idées ne se trouvent pas dans l'abondance des matières premières d'une excellente qualité sans former le projet de les employer. Aussi l'une de leur première pensée a été d'élever des manufactures au milieu d'eux, & déja ils se sont occupés des moyens de les établir. Ces moyens simples & d'une exécution très-facile, vraisemblablement dès l'année prochaine, leur procureront des atteliers où les toiles, les draps, les étoffes de soie & les ouvrages en fer seront fabriqués ; non-seulement les ouvriers sont arrêtés, mais ils ne tarderont pas à venir exercer leur intelligence dans des lieux qui ne sont encore qu'un magnifique désert.

Quelques François venus en Amérique ont fait à la Compagnie des reproches assez graves & tous denués de fondement. En voici l'origine. La Compagnie ne pensant pas que l'émigration seroit aussi considérable & aussi rapide, n'avoit fait aucune disposition pour recevoir les émigrans, rien ne s'est trouvé prêt à leur arrivée, & ils n'ont même eu, pendant les premiers jours qu'ils ont été à Alexandrie, personne pour leur répondre. Leur étonnement & leur embarras ont été très-grands ; mais n'ont eu que peu de durée : autant qu'il a été possible tout

a été

a été réparé. Les émigrans ont été logés, nourris, défrayés, dédommagés du retard, à la vérité très-nuisible, qu'ils ont éprouvé, avec la plus grande largesse; & ceux qui sont raisonnables, c'est le plus grand nombre, non-seulement sont satisfaits, mais sont véritablement pénétrés de reconnoissance. Les voilà sur les bords fortunés de l'Ohio. Ils y portent du courage, de la constance, & la ferme volonté de se livrer aux travaux nécessaires. Aidés par le climat, par la fécondité de la terre, par la réunion de toutes les circonstances locales qu'ils pouvoient désirer, ils ont l'assurance la plus positive de prospérer très-promptement & très-grandement. Toutes les peines considérables auront été pour nous, & toutes les difficultés seront aplanies pour ceux qui nous suivront. Ils trouveront en nous des frères bien établis dans de jolies maisons, propres & commodes, avec des provisions abondantes & bonnes, & très-heureux de tout partager avec eux.

Quant à moi, je ne puis que parler avec la plus tendre sensibilité de la Compagnie du Scioto. J'ai eu de bien grands intérêts à traiter, de bien importantes idées à discuter avec M. Duer, son Sur-Intendant. Je n'ai jamais rencontré de tête plus vaste, plus capable d'enfanter de grands projets, & de les combiner de façon à leur assurer d'indubitables succès. Il est l'homme qu'il faut pour le moment où se forme une Colonie telle que la nôtre, qui vient, comme aucune n'est arrivée nulle part avec la réunion de tous les puissans moyens.

Je n'ai eu avec la Compagnie du Scioto qu'à me défendre de l'excès de ses bienfaits, qu'à lutter contre sa magnificence. On a voulu me faire penser que je pouvois être trompé par elle. Je l'ai été en effet, elle a rendu mon sort infiniment supérieur à celui que j'attendois, & que même je l'aurois désiré.

Voilà, Monsieur, ma déclaration sur cette Compagnie; je la fais pour rendre hommage à la vérité, & pour satisfaire au moins foiblement ma reconnoissance.

Vous pouvez, Monsieur, faire de ma lettre l'usage que vous jugerez convenir, je ne crains pas qu'elle soit communiquée, parce qu'elle ne contient pas un mot qui ne ſoit conforme à la plus exacte vérité. Il me tarde fort que vous & M. Plaifair, à qui je vous prie de faire mille complimens, veniez en juger; venez promptement, faites-vous précéder par des gens ſages & bons qui nous apportent des talens & des vertus, ils verront déjà dans nos Villes, tous les métiers en action & quelques-uns des beaux-arts, comme la Sculpture, la Gravure, exercés; venez recevoir l'aſſurance de l'attachement bien réel avec lequel j'ai l'honneur d'être, Monſieur, votre très-humble & très-obéiſſant ſerviteur, *ſigné* DE LEZAY MARNÉZIA.

M. Baillet écrit à Madame ſa mère, à Vadamont près Guiſe, du 10 Octobre.

N'écoutez-pas les propos qu'on feroit dans le cas de vous faire au ſujet du Scioto, car rien n'eſt ſi vrai qu'il n'y a rien de ſi beau que ce Pays, que le terrein y eſt très-bon & très-fertile, & qu'il y a une fortune à faire; ſi mes parens y viennent, ils n'auront qu'à s'en louer, attendu que tout le monde y eſt content & ſatisfait d'y être. Vous ne ſauriez vous imaginer la quantité de monde, nous ſommes ſept cents perſonnes enſemble tous contens.....

M. le Marquis de Marnéſia écrit du 24 Septembre à M. Grea, Avocat, à Lons-le-Saunier.

Les craintes, Monſieur, que votre amitié vous avoit fait concevoir ſur ma démarche relativement à ma fortune, ne ſont heureuſement pas mieux réaliſées que le pronoſtic de M. G... les Agens de la Compagnie du Scioto m'ont, à la vérité, trompé, mais non pas comme vous l'avez cru; au lieu d'impoſtures & de fauſſes promeſſes, ils ont infiniment affoibli la vérité. Il eſt certain que les terres qu'ils m'ont vendues ſont dans le lieu le plus fertile des deux Mondes, dans la température la plus douce, dans le climat le plus ſain, que chaque acre de terre y rapporte au moins de 40 à 60 boiſſeaux de grains, & que le débit en eſt ſi bien aſſuré, qu'il ſe vend l'un dans l'autre, maïs & froment, ſix livres le boiſſeau.....

Lettre de Dom Didier, à M. Piot, Sous-Prieur de l'Abbaye Royale de Saint-Denis.

C'eſt du bord de *l'Ohio* que je vous écris; le Pays eſt ſuperbe & promet un ſuccès complet aux Cultivateurs qui voudront prendre la peine de ſoigner le ſol; le climat n'eſt point froid, il eſt très tempéré & ſe rapproche beaucoup de celui de la France, nous ſommes entre le trente-huitième degré & le trente-neuvième; l'air y eſt pur & ſain, nous ſommes dans la ſaiſon des pluies qui ſont froides, nous avons traverſé les chaînes de Montagnes bleues, les Allegagni, & nous avons vogué environ douze jours; toute cette route s'eſt faite ſans accident. J'ai rencontré beaucoup d'Américains Catholiques. J'ai baptiſé beaucoup de leurs enfans, ils ne voyent de Prêtres que quatre fois par an. J'ai vu des Sauvages Catholiques, parlant un peu François, qui m'ont baiſé les mains.... &c.

Extrait d'une Lettre de M. de Marnéſia, à M. de Beyerley, Conſeiller au ci-devant Parlement de Nancy.

Enfin nous voici ſur les bords de *l'Ohio*. Je vais me rendre ſur la magnifique terre où le ſort le plus étonnant & qui ſera certainement le plus heureux me conduit.

Tous les témoignages ſe réuniſſent, tous les récits s'accordent, & tous assurent que la terre de promission est celle que nous allons habiter.

Ce n'est qu'avec extase qu'on en parle, ce n'est, car, même en Amérique, l'homme n'est pas tout-à-fait ange, ce n'est pas sans un peu d'envie qu'on nous y voit établir. Je vous le jure, ce n'est pas ici que l'on pense que nous sommes trompés. Mocquez-vous de ceux qui en France veulent le croire, & plus encore de ceux qui sans le croire eux-mêmes, voudroient le persuader aux autres.

D'après ces lettres & le dépôt du prix d'achat, les acquéreurs n'ont certainement rien à desirer pour leur sûreté.

A Paris, de l'Imprimerie de Clousier, Imprimeur du ROI, rue de Sorbonne.

3

www.ingramcontent.com/pod-product-compliance
Ingram Content Group UK Ltd.
Pitfield, Milton Keynes, MK11 3LW, UK
UKHW020549230726
13925UKWH00006B/2477

9 782014 030655